Verso&Cuento

Puedes hacerme
lo que quieras

Miguel Gane

Papel certificado por el Forest Stewardship Council®

Primera edición: octubre de 2023
Primera reimpresión: noviembre de 2023

© 2023, Miguel Gane
© 2023, Penguin Random House Grupo Editorial, S. A. U.
Travessera de Gràcia, 47-49. 08021 Barcelona

Printed in Spain – Impreso en España

ISBN: 978-84-03-52337-1
Depósito legal: B-14.701-2023

Compuesto en Mirakel Studio, S. L. U.

Impreso en Gómez Aparicio, S. L.
Casarrubuelos (Madrid)

AG 2 3 3 7 1

*A todas aquellas personas que confiaron
en que las manos que amaban
nunca les harían daño*

El deseo era el único motivo
y a él nos aferrábamos como animales torpes.

Rosa Berbel

Había aprendido a ver la violencia
(…) y la veía por todas partes.

Édouard Louis,
Lucha y metamorfosis de una mujer

Si dejas que el público tome sus propias
decisiones, puedes acabar muerta.

Marina Abramović

En el año 1974, en una sala de exposición de Nápoles, la artista serbia Marina Abramović se sometió a una *performance* llamada *Rhythm 0*. Alrededor de su cuerpo, colocó setenta y dos objetos divididos en dos categorías: objetos de placer y objetos de dolor. Bajo su responsabilidad, invitó al público a que los usase sobre ella, transformándose, de esta manera, en un objeto más. El fin era observar el comportamiento humano ante la indefensión. Si bien, al principio, los asistentes se tomaban su actuación con benevolencia, mostrándose tolerantes, poco a poco, ante la pasividad del sujeto, fueron aumentando la intensidad de sus actos, hasta tal punto que, a partir de la tercera hora, comenzaron a agredir física y sexualmente a la artista. Desgarraron su ropa, sufrió cortes en el cuello e incluso la apuntaron con una pistola cargada. Uno de los participantes usó un pintalabios para escribirle la palabra *END* en la frente. Los periodistas cuentan que Abramović estuvo a punto de perder la vida. Finalizadas las seis horas, el galerista puso fin a la actuación. En aquel instante, la artista volvía a adquirir su condición de humana. De alguna manera, se reconstruía a través del movimiento. Acto seguido, empezó a pasearse por el escenario tratando de mirar a los ojos a su público. Algunos, ya conscientes de sus actos, frente a frente con la realidad, la evitaban y, al parecer, la mayoría salió huyendo del lugar.

Al fin y al cabo, lo fácil siempre fue hacer daño.
Al fin y al cabo, lo difícil siempre es amar.

PRIMER ACTO

Los placeres

Mirar siempre las cosas
como las miraste por primera vez.

Eso es el amor.

El primer beso

El público llega al Estudio Morra

Cómo no voy a volver a la casa
donde mi abuela
me cosía calcetines y chalecos de lana
y Mosi me despertaba
cantándome canciones populares rumanas
y me vestía entre el frío y la oscuridad
y me hacía bailar y saltar sobre la cama
—en la que estaba prohibido bailar y saltar—
y me mandaba a la guardería
para aprender a ser abogado o médico,
para aprender a no ser como ellas.

Cómo no voy a volver al lugar
donde me limpiaban las nalgas
con trapos de pana
y me daban de comer pan con azúcar pasado por agua
—porque no había más que pan
y agua y azúcar—,
cómo no voy a volver al país
donde están mis muertos y donde estarán
también mis otros muertos,

donde jugábamos con piedras y palos de madera
debajo del peral de Nae
y nos imaginábamos en las playas
de Brasil, de Costa Rica, de Uruguay,
porque no conocíamos otros países
ni otras playas.

Cómo no voy a regresar al hogar de mi infancia,
al hogar donde aprendí niñez
a base de golpes
y cáscaras de nuez,
a la tierra

donde me di el primer beso.

Imperfecta

Marina llega al Estudio Morra

A veces
me gustaría ponerme en tu piel:
recibir por ti los golpes que recibes,
surcar por ti los ríos que surcas,
cederte todo lo que sé
para que no tengas que aprender
cómo pisar charcos sin mojarte
o cómo cortar lazos sin sangrar.

Me gustaría protegerte del mundo
y defenderte con mis armas
pero, amor,
en qué lugar quedaría tu fragilidad,
qué sentido tienen los labios
que nunca han probado la tristeza
o los pies
que nunca se han cansado del camino.
Cómo lograrías bailar con lobos
sin saber lo que son unas fauces hambrientas.

Yo te quiero vivida,
sensible y delicada;
yo te quiero sabiendo lo que es el dolor
y la pérdida;
yo te quiero imperfecta
porque sé lo que es escribir poemas
llenos de tachones,
sé lo que es ser flor
y deshojarte.

Amor,
te quiero querer sin el miedo a saber
que quererte
también puede convertirse
en una herida.

Usted está aquí

Besarte fue encontrar un diccionario.

RAQUEL LANSEROS,
Los ojos de la niebla

No llegaste como llegan las semanas,
los meses o las estaciones.
No llegaste como anuncian las horas
todos los relojes del mundo
ni como llega una canción
después de otra
ni un beso después del otro.
No fuiste tan previsible
como la primavera en los cerezos
ni seguiste la historia
después de la primera entrega.
Tú llegaste
y lo quisiste crear todo:
crear el cuerpo y el amor y el deseo,
inventar el lenguaje por necesidad,
hacer surgir salvajes las montañas,
y amansar el pan por primera vez
para quitar el hambre

pero también fundarlo.
Tú llegaste tan atómica,
destruyendo los hogares de todos los miedos
de todas las inseguridades,
llegaste poética e indefinida,
como la forma de una ola
al tocar la playa.
No te esperaba
y esa sorpresa fue tu victoria,
y también mi desconcierto.
Y cuando me quise dar cuenta
todos los objetos ya estaban expuestos sobre la mesa:
había cumplido treinta años,
había escrito seis libros,
había empezado a pagar la hipoteca
y habíamos adoptado un perro.

Esa chica

Ella es esa chica
con mil pájaros en la cabeza
y dos alas en la espalda
que le hacen estar en todas partes
y en ninguna al mismo tiempo.

Ella es ese fuego
que cualquiera pondría en su camino
a cambio de un poco de intensidad.
Así es como nace la poesía:
en el precipicio de una espalda,
en la cuerda floja de unos labios,
en el hueco de las palmas de unas manos.

Cuando hablo de milagros
hablo de ella peinándose en la mañana,
cuando hablo de efectos especiales
hablo de su pelo formando tornados.
Y si digo sobre ella
que está llena de esperanza,
quiero decir que la he visto siendo luz
para la oscuridad,

siendo paz
para la guerra.

La veo peleando por la vida
y qué fácil es admirar los dedos
que reman a toda costa,
qué sencillo es seguir los pasos
cuando son capaces de dejar huella.

Es fugazmente eterna en cada gesto,
quiero decir,
cada caricia suya pasa muy rápido
pero se vive muy muy lento.

Es esa chica
a la que ves sacando adelante sus proyectos,
esa chica despeinada y valiente
que, de tanto enfrentar al lobo,
ha aprendido a vivir mordiendo.

La imagino siendo ella misma
tras el telón
y menuda obra de arte
cuando se desviste,
se recoge el pelo
y se pone a hacer la cena.
Qué sencilla es la belleza
cuando no se escribe.

Ella es esa chica   esa
a la que, de tanto desear,
he confundido con la poesía
y ahora ya no sé si le escribo versos

o pájaros.

Mujer enero

Aunque se la espera, la mujer enero
siempre acaba apareciendo por sorpresa.
Llega en formato año nuevo,
con zapatos de tacón,
un vestido largo, el pelo suelto
y cientos de deseos en las manos.
Aparece con la fuerza de los pinos en invierno,
es decir, a pesar de la tormenta,
siempre se mantiene en pie.

La mujer enero es amante
de los inicios,
sabe que las mejores historias
dependen, en ocasiones, del primer párrafo,
por eso nunca da un beso por deber,
nunca pronuncia un «te quiero» sin querer.
Tiene la capacidad
de hacerte sentir que antes de ella
no hubo ninguna otra.
Y esa es su verdadera magia:
ser el río que abre camino en la piedra,
ser la lluvia que quita la sed en el desierto.

Puedes hacerme lo que quieras

Siempre llega para quedarse,
a veces se transforma en recuerdo,
otras tantas se convierte en un tatuaje:
a nadie deja indiferente
porque nadie es ajeno a su belleza.
A la mujer enero no le pesan los años
ni los daños,
jamás carga a la espalda su pasado;
ella vive en los planes del presente,
en las botellas descorchadas,
en la curiosidad de todos los gatos.

La mujer enero es la reina y es la maga,
es el comienzo y es el final,
es el frío y, también, es el calor,
es soplar la vela
y entender que, muchas veces,
el deseo que la apaga
está justo delante.

Ella tiene la seguridad
de las palabras:
todo lo que sale de su boca
es fuego y quema,
es luz y alumbra.

Los silenciosos

No hay ningún ruido en la sala.

No sé decirte que te quiero.

No sé mirarte a los ojos
y decirte que te quiero.

Me dan pudor las confesiones,
me avergüenza desnudarme así.

Mi amor va más allá
de las palabras dichas,
mi amor son los hechos
del día a día:
es cuidarte,
es mimarte,
es respetarte.

Mi amor son aquellas cosas
que permanecen en silencio,
que no se pronuncian,
pero que están ahí, vivas,

tocándote;

mi amor
está en hacerte entender
que quien menos te dice que te quiere
es quien más lo hace.

Y viceversa.

Ella no vuela porque huye,
vuela porque renace.

El amor propio

Los primeros objetos de placer...

Amas estar contigo misma,
amas encontrarte,
te eliges.

De todos los amores que has tenido
el propio es el que más te importa.

Amas los momentos que te guardas para ti:
tú te dedicas
las mejores canciones,
los mejores poemas.

Te posees con la fuerza del abrazo,
eres celosa con tu espacio,
no te importa que te llamen rara.

A veces, los mejores días son aquellos
en los que nadie perturba tu paz,
en los que nadie te pide explicaciones.

Puedes hacerme lo que quieras

Estás enamorada de tu soledad
porque has entendido que ella será la única
que nunca te hará daño.

Sabes que siempre serás tu amiga más fiel,
no hay miedos en tu amor,
tu cuerpo es capaz de guardar
toda la luz del mundo:
eres la única que puede verse tal y como es
cuando se mira.

Y cuando haya que escalar montañas,
tendrás tus pies;
y cuando haya que nadar cien mares,
tendrás tus brazos;
y cuando haya algo por lo que luchar en mil batallas,
tendrás tus sueños,

y tendrás tu Luna
cuando te quieras amar.

Tu mejor victoria
es que no necesitas a nadie
para abrirte el mejor vino.

Amas tu compañía y tu soledad,
amas tu paz y tu guerra,
amas tu orden y tu caos,
tu lunes y tu domingo,

y cada instante que pasa
lo tienes un poco más claro:
tú, y nadie más que tú,

eres el amor de tu vida.

Todo lo que hagas,
hazlo a fuego lento.

Eres un cielo.

Y no me refiero a tu bondad
ni a tu sonrisa constante,
digo que eres un cielo
porque cada vez que te miro

me haces volar.

Puedes hacerme lo que quieras

Todo lo que quiero decirte

Te diría tantas cosas   tantas

te diría, por ejemplo,
que hoy hubo un eclipse solar
y, aunque apenas fue perceptible,
el mundo se volvió un poco más oscuro.

Te diría que solo sé escribir poemas de amor
si eres tú la que sonríe al otro lado.

Te hablaría sobre la belleza de los números pares,
sobre la extravagancia
de los libros de tapa dura
y la falsedad de los rotuladores permanentes
—¿qué hay de permanente en la vida?—.

Te diría que no me importan las causas sociales,
ninguna ninguna ninguna,
que nada importa
cuando tú me dices
que te duele una pestaña,
que te duele un lunar,
que te hiere un suspiro.

Te haría saber que soy un iluso,
que hay días en los que creo
en la palabra *siempre*
en la palabra *matrimonio*
en la palabra *familia*.

Y, sobre todo, te diría que te quiero,
que la vida es un poco más difícil sin ti,
que no me importa que se hayan muerto
García Márquez   Vicente Fernández   Philippe Noiret
porque tú haces de este mundo un lugar
lleno de libros   de canciones   de cine,
un lugar lleno de belleza.

Te diría tantas cosas   tantas,

pero se ha caído WhatsApp.

Es caótica
porque es en el caos donde se encuentra,

es incendiaria
porque es el fuego el que la alimenta,

es inquieta
porque sabe moverse más allá del miedo.

El amor, a pesar de

En el fuego,
dos amantes encontraron hogar.

Fire of Love, Documental

Te imagino
hablando en contra del cambio climático,
siendo la más extrema de las extremas,
destrozando la obra completa de Bernini,
quemando los cuadros de Hopper,
lanzando un cohete contra el mismísimo Chichén Itzá,
blasfemando contra toda creencia,
contra toda religión,
y contra todo pensamiento.
Te imagino
quitándole la comida al hambriento,
protestando en favor de la incultura,
de la enfermedad, del analfabetismo,
quemando los bosques a conciencia,
desmantelando refugios de animales.
Te imagino diciéndoles a los críos
que Los Reyes Magos no existen,

que la sociedad es un fraude,
que ellos también van a morir algún día.
Te pienso
trayendo al mundo la calamidad,
la miseria, el dolor y la sangre,
vengándote de toda bondad palpable,
riéndote en los funerales más tristes,
borrando cualquier huella de amor
de cualquier cuerpo
que aún albergue un mínimo de esperanza.
Te imagino
yendo a por el pan y no volviendo jamás:
dejando la casa, los niños, la hipoteca,
dejando, solamente, la soledad.
Y aun así,

no logro dejar de quererte.

Ella
tiene alma de estrella fugaz:
cuando la miras, se deja ver
y cuando intentas tocarla,
se desvanece.

Alejarme de ti

Marina se siente abrumada y quiere irse

A veces siento la necesidad de alejarme,
de separar mi barco de tu costado
y navegar el mar
en soledad.

A veces tengo ganas de irme de ti,
de ver mi cine,
de escuchar mi música,
de leer mis libros.

No te abandono,
tan solo me tomo mi tiempo   mi espacio;
al fin y al cabo,
como mejor se aprende a compartir el aire
es respirando solo.

En ocasiones siento la necesidad
de reencontrarme lejos de ti,
de echarte de menos, de quererte a distancia,
de elevarme sobre todas las ciudades

y ver que la mía es la que más brilla,
la que más luce.

Y te pido que me entiendas,
que comprendas que no estar junto a ti
no significa dejar de quererte,

más bien
soy como el inmigrante
que cuanto más se aleja de su casa,
más quiere volver,

más la ama.

Un «te espero»
es más intenso que un «te quiero».

Nunca será lo mismo
entregar tu tiempo
que compartirlo.

Puedes hacerme lo que quieras

Marina se siente atraída por uno de los asistentes.

Puedes morderme el cuello
hasta que mi sangre sea tuya,
arrancarme la ropa
hasta que ya no me dé pudor mi desnudez,
empotrarme contra cualquier pared
sin premeditación, pero con alevosía;
puedes ser salvaje, animal,
poética, delicada;
convencional o insólita.
En tu boca están todas las palabras
sucias   bellas   primarias,
en tus manos están todos los gestos
caricia   arañazo   golpe.
Puedes llevarme a la cama
para comerme el hambre
para beberme la sed
para cumplir tus fantasías prohibidas.
Te entrego mi cuerpo para el placer
—qué irónico entregarte mi cuerpo
para el placer—:
usa mis manos para escribir

tus silencios,
usa mi espalda para vengarte
de las puñaladas,
habla por mi boca
cuando quieras decir
las cosas que piensas
y te avergüenzan,
las cosas que sientes,
y no te atreves.
La piel es real, el sexo es real,
el placer es real,
mi verdad es un hielo
derretido en tu copa,
una bala atrapada
en tu cañón.
Clava tus espinas en mi piel
y florece dentro de mí:
soy la tierra
y tus raíces están a salvo.
Puedes atraparme, liberarme,
crearme, destruirme,
follarme, fallarme,
puedes hacer conmigo lo que quieras

con tal de que me hagas algo.

La mujer noviembre

La mujer noviembre
se mueve en la cuerda floja,
su balanceo es un baile
de frío y calor,
y su punto medio
es su puto miedo,
y si hay que dar la cara,
le entrega todas sus hojas al viento.
La mujer noviembre es tan indecisa
que todo lo quiere cuando no lo tiene,
que todo le sobra cuando nada le falta.
Es fiel amante de las horas perdidas
los domingos por la tarde,
experta en quemar garitos
hasta la última botella.
Con ella todo es impredecible:
a veces es tan deslumbrante
como un sol de agosto,
otras tantas, tan lluviosa
como una tormenta en el mar.
La mujer noviembre huele a poesía,
camina con la melancolía
de los árboles desnudos

Puedes hacerme lo que quieras

y cuando mira,
parece que en sus ojos vive el otoño entero.
Ella, que es capaz de hacer retroceder el tiempo,
de enamorar a los viajantes
con las calles de su espalda,
hace de su hombro un hogar
al que acudir cuando se está perdido,
un hogar al que añorar
cuando se desvanece.
Nunca se entrega por completo:
es tan fugaz como un verso,
tan extensa como un océano,
y puede pasar tan desapercibida
como un parpadeo o un silencio,
o ser tan inolvidable
como la primera palabra
o los ojos de una madre.
La mujer noviembre
es una funambulista
que ha entendido que caer
en las manos adecuadas
también es volar.
Y para eso vive:

para lanzarse
o para bailar.

1 de enero

Manda ese mensaje
di aquel «te quiero»
cuida sin esperas
besa siempre que puedas
y vive dejando vivir.
Eso es todo.

Las manos que acarician

Una mano de mujer
me acaricia el rostro
con una pluma de ave.
Tengo los ojos cerrados
pero sé que es una mano de mujer
porque se mueve con la delicadeza
de la mano de mi abuela.
Recorre mis cejas, mis párpados,
mi frente y mis labios,
el tacto es suave, casi perfecto.
Permanezco quieta, expuesta.
Tengo prohibido moverme,
tengo prohibido hablar.
La mano que se desliza
me recuerda a mi infancia,
a los días de verano,
a los pasteles de cereza
que me llevaba a la boca
lejos de la mirada de mi madre,
cerca de la mirada de mi abuela,
y yo confío en ella,
confío en esa mano
aunque no sepa cuánto ha tocado,

aunque no sepa cuánto ha perdido,
confío en que no me hará daño.
La pluma de ave
me transforma en un pájaro
o en una niña muerta de risa.

Pintura azul

Un atardecer en la playa,
una cerveza fría para calmar la sed,
un viaje con amigos,
un concierto al aire libre,
un beso de madrugada.

Qué simple es todo, en ocasiones.

Pintura blanca

Lo que más me gusta de mí
son los libros que leí
los lugares que visité
las noches en las que viví
y las personas a las que amé.

Pintura roja

Me gusta la gente
con la que puedo ser yo
sin filtros,
aquella a la que muestro mi vergüenza
sin pudor,
esa frente a la que no tengo límites
porque digo lo que pienso
lo que siento
lo que deseo
y nunca me juzga.

Solo esa gente sabe quién soy,
solo esa gente sabe lo difícil
que ha sido mi camino.

14 de febrero

Pasa con el amor
lo que con la poesía:

pueden tardar en escribirse
una noche
o una vida.

En cualquier caso,
hay que estar siempre alerta

a los amores de una noche
que traen poemas para toda una vida

y a los poemas de una noche
que traen amores para toda la vida.

La mujer diciembre

La mujer diciembre
es la última en irse de la fiesta,
la escena final de una película,
el adiós definitivo de dos cuerpos.
Después de ella no hay nuevos comienzos
porque las segundas partes
nunca fueron buenos poemas.
En ella habita el frío,
pero cuánto calor es capaz de dar
en las manos adecuadas,
en ella habitan las noches largas,
pero cuánta luz desprende
ante una mirada certera.
La mujer diciembre es el hogar
de todos los abrazos,
el calor de todos los besos,
la ilusión de todos los sueños.
Ella es el último trago que se apura,
el mensaje que se envía a deshora,
el deseo que se cumple al cerrar los ojos.
Ella es la niña que salta sobre los charcos,
la chica que baila bajo la lluvia,
la mujer que es capaz de amar a mares.

Puedes hacerme lo que quieras

Sin ella, las caídas nunca serán vuelos
y los acantilados solo serán precipicios,
sin ella no hay cunas para los daños
ni magia para cualquier año.
La mujer diciembre es tan blanca
como los tejados en invierno,
se camufla entre el brindis a destiempo
y las tardes de sofá y manta;
ella es el punto final de un cuento,
una noche mítica,
es despertarse por la mañana
y entender que, en ocasiones,
los mejores regalos
duermen al otro lado
de la cama.

Al final,
todo se resume en una cosa:
cuidar a los que te cuidan.

SEGUNDO ACTO

Las violencias

Hay que saber irse

Hay que saber irse,
hay que saber abandonar el barco
sin hundirlo,
hay que saber cerrar la puerta
sin dar un portazo,
saber que a la piedra
no se le responde con más piedra,
que al daño
no se le responde con más daño.

Hay que ser elegante al marcharse,
entender que no hace falta
despedazar el abrazo
que una vez te dio calor.
No hay que romper las cartas
ni las fotos,
no hay que borrar los recuerdos
porque, más que un borrón
y cuenta nueva,
saber irse es una lección
y cuenta nueva.

Hay que saber marcharse,
comprender que las expectativas
son como el humo:
intuyes que surge de un fuego
pero ese fuego no se ve.
Nadie gana en las despedidas
porque ninguna victoria
es más triste
que decir adiós a un hogar.

Hay que saber irse
sin bombardeos,
cerrar la historia
sin destrozar el libro,
seguir caminando
sin mirar hacia atrás
y hay que entender que, muchas veces,
solamente seremos
la forma que escogimos
para decir adiós.

Puedes hacerme lo que quieras

Te mereces algo mejor

Te mereces algo mejor.
Me duele decirlo así,
pero te mereces algo mejor.
Te mereces a una persona
que ame tu fuego sin miedo,
que ame tu libertad
sin pudor, con seguridad,
que comparta contigo
tus ganas de vivir,
tus ganas de brillar,
tus ganas de existir.

Te mereces sobrevolar montañas
y no aterrizar en precipicios,
te mereces nadar océanos
y no ahogarte en vasos de agua.
No puedes remar por los dos
cuando el río va a contracorriente,
no puedes sostener el peso
de toda una vida
con un solo pilar,
ni puedes cargar a la espalda
las cicatrices de un cuerpo

que ya no cree en la belleza.
De nada sirve tratar de salvar
a quien ha renunciado a salvarse,
de nada sirve entregar amor
a quien ya no se ama.

Hay una luz en ti
que no merece estar bajo ninguna sombra,
hay un poema en ti
que no debe faltar en ningún libro.
Que no es lo mismo quitar el sueño
que invitarte a soñar,
que no es lo mismo quemar
que jugar con fuego.

Te mereces algo mejor
que yo.

Por eso me voy.

Puedes hacerme lo que quieras

Tenlo siempre presente:

la boca que besa
también sabe morder,

las manos que acarician
también pueden golpear,

el cuerpo que calienta
también puede condenarte al frío.

El amor cuando termina

Lo valiente es reconocer que se ha acabado,
es aceptar que, al rozarse, los cuerpos
ya no se atraen.
Lo osado es ponerse frente a un espejo
y decir que se acabó,
es entregar las armas y reconocer
que la batalla está perdida.
Aunque se le haya puesto empeño,
aunque se haya despejado el río
para intentar que el agua fluya,
es valiente reconocer que, en ocasiones,
vence el desgaste.
Lo difícil es llorar la pérdida
que no se pierde,
es aceptar que las ganas no bastan
para ganar.
El amor se termina cuando los otros ojos
ya no te admiran,
cuando se impone el silencio
y las calles ya no son lugar de encuentro,
sino de despedida.
Lo difícil es reconocer que esta vez tampoco,
aceptar que habrá otra mudanza,

Puedes hacerme lo que quieras

que, a partir de cierta edad,
la soledad da un poco más de miedo.
Lo complicado es decir adiós
y darse cuenta de que
los amores que parecían eternos

también se acaban.

Cerrar la puerta de casa
con el mismo amor
con el que te la abrieron.

Eso es saber despedirse.

El amor imposible

Tal vez el reloj
no actuó con exactitud.
Tal vez no fue el país,
ni el bar,
ni la noche adecuada.

No nos encontramos cuando debimos,
los *peros* que hay entre nosotros
son tan grandes, tan nucleares.

No se trató de valentía,
fue una cuestión de supervivencia:

te habría dicho que sí
toda la vida,
excepto cuando había que hacerlo.

Tampoco se trató de tener miedo
a las consecuencias,
sino de entender que
una montaña no se puede escalar
yendo cuesta abajo

ni un libro se puede escribir
sin saber leer.

Aunque estamos guapísimos juntos,
somos un imposible.

Ojalá hubiesen sido otros
el lugar y el momento,

ojalá hubiésemos jugado
sin nada que perder

y ojalá la vida
nos hubiese cruzado en otro punto,

uno en el que bajarse del barco
no conllevara hundirse,
uno en el que «ahora» o «nunca»
solo hubiese podido ser «ahora»,
un punto donde abrir una puerta
no implicase

cerrar todas las demás.

Puedes hacerme lo que quieras

No me alejo,
me escapo.

Es diferente.

La putada

La putada es cuando
los cuerpos que se atraen
no pueden estar juntos.
Lo doloroso es que duela
una herida que no existe.
Lo difícil es saber
que si nos lanzamos
seremos capaces de volar.
Lo complicado
es ponerles buena cara a tus parejas
cuando solo tengo ojos para ti.
Lo desconcertante
es no saber qué hacer
cada vez que me tocas y tiemblo,
cada vez que me escribes y muero,
lo desconcertante
es llamarte por otros nombres
—amiga, compañera, conocida—,
es buscarte en otra piel
y encontrarte al cerrar los ojos,
es sentirte cada vez más cerca
si nos alejamos.
Lo jodido son los años que pasamos

desperdiciándonos en otros cuerpos,
es aceptar que tenemos cuentas pendientes,
que el tiempo nos saldrá a pagar
si no nos besamos ya,
si no nos desnudamos ya,
lo que duele es saber
que en el fondo quieres decirme que sí
pero te da miedo entregar tu fuego
de esta manera tan profunda,
lo que más rabia me da
es estar tan cerca de la Luna
y no pisarla,
es sentir que cuando nos busquemos
la brújula tendrá las vidas agotadas,
que cuando hagamos memoria
no tengamos palabras de victoria,
que cuando abramos los ojos
ya no estaremos sentados en el porche
de una casa frente al mar.

No podemos ser amigos

Me dolió mucho
cuando me dijiste
que lo nuestro se había acabado,
que ya no había amor,
que nos habíamos desgastado,
que ya no sentías lo mismo que al principio.
Sobre todo, me dolió
porque me pilló por sorpresa.
Apenas unos días antes,
habíamos planeado vacaciones en Almería,
me compré una impresora porque te hacía falta para imprimir
tus cosas
—así lo dijiste: «para imprimir mis cosas»—,
te regalé un libro firmado por Raúl Zurita
e intercambié el primer WhatsApp con tu madre.
Cómo no iba a pensar que estábamos bien
si cada noche me decías «Buenas noches, amor»
y cada día me decías «Buenos días, gordo»
y lo hacías sin ser empalagosa,
con clase, con actitud, con amor, con tanto amor…
Qué voy a hacer ahora
con la esperanza que deposité en lo nuestro;
con todas las cosas que te habría escrito,

Puedes hacerme lo que quieras

que te habría hecho,
que te habría compartido.
Qué voy a hacer ahora con el viaje a Almería
y con el número de teléfono de tu madre.

Lo que más me jodió
fue que me dijeras con la conciencia limpia
—como si el daño no estuviera hecho—,
tú, hippie de la palabra,
pacifista de los desamores que acaban fatal,
que no pasaba nada,
que podíamos ser amigos.
Pero quién es amigo de las bombas
que destruyeron su casa,
quién invita a vino a la vecina que estropeó la fiesta
porque llamó a la policía,
quién es amigo del clavo
que atraviesa la carne sin piedad.
Que me dejaste tirado en la carretera
sin gasolina, sin coche y sin batería;
que me hiciste regalarte libros
que nunca leíste;
que me llenaste de ilusiones
y, tras los primeros «te quiero»,
me pusiste las maletas en la puerta.
No, no podemos ser amigos,
no podemos compartir conciertos
ni quedar los domingos para el mañaneo,
no podemos wasapearnos los martes de resaca

ni podemos hablar sobre nuestros ligues.
No, no podemos ser amigos.
Sin embargo, lo he decidido:
por justicia poética,
me voy a llevar a tu madre
de viaje a Almería.

Nuevamente

A mi amigo Edu Torres

*A todas las personas
que han sufrido depresión*

Cuando comencé a nadar,
el agua lo invadía todo.
De poco valían el traje y la escafandra,
de poco valía mover los brazos:
el agua lo invadía todo.

Es grande y largo el océano
cuando se nada sin rumbo:
todas las olas son la misma ola,
todos los vientos, el mismo viento.
Tan solo debía buscar el faro,
eso es lo que sabía,
eso es lo que decían:
«Tras el faro comienza un mar
más pausado, más calmado».
Un mar para mí,
eso es lo que quería.

Y cuando llegué a ese mar
y vi que aún me quedaba camino,
que aún seguía con el agua al cuello,
supe que debía continuar hacia delante,
debía mover los brazos con todas mis fuerzas,
porque después de aquel mar
vendría un río
—que también nadé a conciencia—
y, aunque no me libré
del agua que todo lo invade,
en las rías bajas
ya no hizo tanto frío.
Pero mi meta era pisar tierra firme,
era ponerme de pie,
abandonar el agua que lo invadía todo.
Era cuestión de tiempo
volver a ser yo.
Y cuando logré hacerlo
—manos agrietadas, sal en los ojos,
piel sin huella—,
entonces, solo entonces, me di cuenta:

el fondo del océano era oscuro
porque no era capaz de mirar

hacia arriba.

Puedes hacerme lo que quieras

Quiero quererte

Quiero quererte

pero no puedo.

Quiero entregarte mis ríos y mis lagos,
darte mis manzanos y mis cerezos,
quiero que sea tuya
toda la tierra que conozco,
pero quiero entregártela fértil
y salvaje y plena.
Para ti
quiero ser verdad y poesía,
no mentira y silencio,
quiero convertirnos
en palabras que bailan, que surgen
una detrás de otra
como si fuesen dos manos
que se entrelazan buscando
un camino;
quiero ser para ti un camino

pero estoy perdido.

Quiero entregarte mi música
y mis secretos,
que nunca escuches las campanas de la derrota
ni sientas la vergüenza de ser quien soy.
No estoy en mi mejor momento,
por eso no puedo escribirte
los mejores poemas.
Quisiera compartirte mi piel
para que hagas de ella un hogar:
instalar tu despacho en mis lunares,
montar tu cocina en mi pecho,

pero soy Roma
y estoy en ruinas.

Quiero quererte,
pero no puedo
construir sin reconstruir,
comenzar sin recomenzar;
no puedo estar a tu altura

si no tengo alas para volar.

El impostor

A mi amiga Elísabet Benavent

No debería estar aquí.

No debería estar escribiendo esto,
no debería haber compuesto
«Madrid es Ella»
ni «Después, mañana»
ni «Arde»
ni «Puedes hacerme lo que quieras».

No deberías estar leyéndome.

No deberían invitarme a fiestas literarias
ni a ferias del libro,
no debería dar entrevistas en *El Mundo*
en *El País* en *El Tiempo*.
¿Por qué mi palabra debería pesar
más que el silencio?

No debería recitar en teatros,
ni tener lectores que cruzan países y continentes
para verme.

No debería tener lectores.

No debería ver mi nombre en librerías
ni en carteles por el metro
ni en anuncios en la Gran Vía
o en pancartas en Bogotá.

No me merezco vivir de mi trabajo.

No debería recibir mensajes
de luz, de paz, de amor, de ternura,
de belleza:
mis poemas deberían ser cristales rotos
en lugar de espejos.

Y yo no debería ser escritor.

Ni debería llamarme Miguel Gane.

Moncloa

Yo, que me enamoraba de chicas en el metro
tras la primera parada compartida,
que buscaba el fuego en garitos
y decía que sí a cualquier plan.
Yo, que con diez euros me hacía un finde,
que me perdía en plazas con colegas,
que fui universitario e idealista.
Yo, que rehuía de los planes
con esa valentía del que improvisa la juventud.
Yo, que era el escritor más joven del circuito,
y me daban igual ocho que ochenta
—versos, quiero decir—,
que iba para ejecutivo y terminé siendo poeta,
que era feliz cuando no tenía conciencia
de la felicidad.
Chaval exquisito de *nadas*,
pirata en barco sin mar,
fruta en flor,
río puro sin corriente:
yo, quería   y podía,
y por quererlo mucho   podía el doble.
Yo, que tuve el tiempo en mis manos
y lo llamé alegría,

que hice del ahora un hogar
y del mañana un abismo.
¿Por qué ya no logro encontrarme

al mirarme en el espejo?

Treinta años

La actuación de Marina Abramović
duró seis horas

Crece el cuerpo que habito
pero no lo reconozco.

Me observo desde el exterior,
como si estuviese absorbido
por un videojuego
donde no me importase morir
porque sé que tengo vidas infinitas.

Me siento como un espectador
en la butaca de un teatro
situado en una edad tardía,
desconocida:
cómo he llegado hasta aquí,
por qué no logro identificarme
con el protagonista de mi vida.

Cuándo pasé de la revolución al saber estar,
de la vida improvisada
a tener que consultar la agenda;

cuándo cambié Moncloa por Lavapiés
y pasé de las colas eternas en garitos
a los sábados de sofá y manta;
cuándo sustituí el desenfreno por la dieta.

Cuándo pasé de beberme la ciudad
a buscar el mejor té del barrio.
Cuándo cambié el tecno por la clásica,
la vida por los libros,
la cantidad por la calidad.

Cuándo pasé de ser el poeta más joven del circuito,
el poeta con más futuro,
a otro más en una lista infinita.

Cuándo cambié el corazón por la cabeza.

Me veo en el espejo
y no sé a quién pertenecen
esta barba poblada,
estas arrugas que asoman,
estas canas indómitas.
Cuándo me hice mayor sin darme cuenta
y por qué, cuando por fin lo entendí,
sentí tanta rabia, tanta melancolía.

¿Cuántos años son treinta años?

Puedes hacerme lo que quieras

Somos lo que haríamos
si no tuviéramos miedo.

Es definitivo

Tarde o temprano
todo acaba desapareciendo:
las amistades, los conocidos,
los amores, la familia.

Lo único que permanece
es un espejo en el que mirarse
y aceptar que, cualquier día,

también se acabará rompiendo.

¿Para qué has estudiado tantos años?

A nosotros
nos tocó aprender a nadar en un naufragio.

JUAN MANUEL ROCA,
Antología personal

Yo iba para abogado.

Yo era un buen hijo.

Yo estudié Derecho y derecha,
aprendí la Ley General para la Defensa de los Consumidores y
Usuarios,
y Derecho marcario,

aprendí a demandar con elegancia,
a invocar principios generales del Derecho,
las costumbres y los fueros;
aprendí a pronunciar Derecho Internacional Privado
sabiendo de lo que hablaba;
aprendí el oficio que me daría de comer,
que me abriría caminos hacia el futuro,
y me permitiría sacar a los míos

de la cárcel,
de Hacienda,
del juzgado.

Aprendí a defenderme,
a defenderos,
me uní a los *más uno* que rondan por el mundo,
me puse un traje y una corbata
y me regalasteis un maletín regalado.

Y madrugaba todas las mañanas
para ir desde Leganés Central hasta Nuevos Ministerios
y me instalaba en un despacho de la Castellana
para poner en práctica
todo aquello que había estudiado,
todo aquello para lo que me habían preparado
y de lo que vosotros
estabais tan orgullosos,   tan profundamente orgullosos.

Instalado en la nada, tardé mucho en comprender
que no podía seguir en ella,
que no era para mí
porque yo no quiero arder en el fuego,
yo quiero crear el fuego;

porque yo no quiero estar sentado
en la comodidad de los días calcados,
sino bailar en la incertidumbre;

yo no quiero Derecho y derecha,
sino libre y librería.

Y no os gustó,
eso no os gustó.

Soy mal hijo
porque soy poeta.

La luz

Em branco
a página
Uma bicicleta abandonada

JORGE SOUTO

Te creí inmortal
porque seculares son los pinos
e infinita es la palabra *abuelo*.
Pensé que resistirías a todos los árboles,
que serías el último en escuchar una canción,
que verías el final del mundo.
Nunca sospeché
que tu muerte fuera posible
pues uno no piensa
en la muerte de lo que ama.
Te vi sobreviviendo a mis hijos
y a los hijos de mis hijos,
enterrándome
—tuve conciencia de mi ida antes que de la tuya—.
Yo, un niño inocente ante tus ojos
—¿alguna vez me viste como algo más que un crío?—,
nunca te vi en silla de ruedas

ni en cama de hospital,
nunca te vi enfermo,
nunca te imaginé muerto.
Yo, que anduve a conciencia en tu luz,
me he hundido en los días sin ti,
—de repente, el pozo—
y ahora que ya no estás
voy divagando como un ciego,
buscándote en todas partes

sin encontrarte.

Siglo XXI

Qué cara la vida, qué cara.

Qué caros los préstamos fijos,
la hipoteca variable, el Euribor
y la Prima.
Qué caros los embutidos de Mercadona,
el pollo troceado, el queso viejo tostado,
el papel higiénico acolchado.
Qué caro el alquiler de la Calle Oso,
de la calle Encomienda, de la Calle Trafalgar;
qué caro el seguro del coche, la gasolina,
el mantenimiento de las ruedas,
un garaje en el centro
—qué aberración tener
un garaje en el centro—.
Cuánto cuesta tener un hijo.

Qué caro encender la tele
encender la lavadora
encender la luz,
qué caro es encender la luz.
Cuánto cuesta tener un hijo.

Qué caro el pienso del perro,
la castración y las vacunas
y las toallitas para limpiarle las patitas,
qué caro es limpiar las patitas al perro,
qué caro es el suavizante y el desodorante,
qué cara es la ropa,
qué cara es la ropa barata.
Cuánto cuesta tener un hijo.

Qué caro es salir de casa
para ir al teatro   para comprarte libros
para entrar a un concierto,
qué caro es ver a los amigos
y sentarse en la terraza del Pavón
y sentarse en las terrazas de Olavide
y entrar a bailar a la Maravillas
y salir el domingo para ir al after,
qué cara es la vida en un after.
Cuánto cuesta tener un hijo.

Qué caro es llamar a mi abuela a Rumanía
para decirle que todavía sobrevivo
de los libros, por los libros,
que todavía tengo un sueldo anual
y una salud mental
—qué caro es tener un sueldo anual
y qué cara es la salud mental—,
llamarla para decirle que todavía no sé
cuánto cuesta tener un hijo.

Qué caras son las facturas por cobrar,
los impuestos,
la declaración de la Renta,
la trimestral de IVA,
los gestores los gestores los gestores por todo,
qué caro es ser adulto y maduro y responsable,
qué caros son los sueños a partir de cierta edad,
qué cara la vida, qué cara.

¿Cuánto cuesta tener un hijo?

Tus ganas ganan

A Elena Huelva

Tus ganas ganan
porque nada inspira más
que aquello que, de tanto caerse,
solo ama vivir de pie.

Nos has hecho entender
que no es tan oscura la tiniebla,
que no es tan fría la noche,
que, en ocasiones, es dulce hasta el miedo,

que no hay mayor belleza
que las manos que entregan
todo lo que tienen,
que la voz que solo sabe seguir
si es cantando.

Nos has enseñado a volar:
aun estando en el borde del acantilado,
nunca miraste hacia abajo.

Nos has enseñado a ser valientes:
aun estando al filo,
pisaste firme.

De ti hemos aprendido
que no hay nada más vivo que el presente,
que el truco no está en esperar a que llegue la calma,
sino en amar la tormenta,
que los únicos sueños que valen
son los que se tienen con los ojos abiertos,
que los viajes son más ligeros
cuando no hay nada que perder.

Tus ganas nos han ganado,
tanto que, al cerrar la puerta,

nadie apagará la luz,
nada apagará tu luz.

Puedes hacerme lo que quieras

Lápiz de labios

Cuando era pequeño
me vestí con la ropa de mi madre
—aquella falda morada y ajustada,
la blusa roja
por encima del ombligo—.
Me pinté los labios y los pómulos
y, subido a unos zapatos de tacón,
paseé por el salón, fumando
un lápiz que mantenía entre los dedos
como vi que hacían las actrices francesas
en sus películas
y me contoneé ante un espejo
que reflejaba un cuerpo desconocido.
Nunca había visto a mi madre fumando,
nunca la había visto llevar tacones
ni usar cremas ni maquillaje
ni faldas ajustadas
ni blusas por encima del ombligo.
Entonces ¿quién era esa mujer
en la que me había convertido?,
¿por qué mi madre
no era mi madre?

La ley del silencio

En casa habitaba
el silencio.

Se censuraba la palabra
cuando era «amor», cuando era «sexo»

y se prohibía el llanto   y la queja
y era clandestino el abrazo
porque los hombres eran duros
y la vida era dura:

un bofetón no es más que una caricia fuerte.

En casa,

estaba pinchada la pelota
estaba vacía la despensa
y estaba sin ruedas la bicicleta.

Nunca logré existir

sin sentirme un juguete roto.

Puedes hacerme lo que quieras

Puedes hacerme lo que quieras

Marina le escribe un poema a su madre

El hierro anula el movimiento:

el pájaro encerrado deja de ser pájaro,
el pájaro encerrado se convierte en un objeto.

En el diario de mi adolescencia escribí:

«Siempre llevo las zapatillas que tú quieres»
—nunca dejarás que dé un paso en falso—,

«Siempre visto la ropa que a ti te gusta»
—nunca dejarás que se presienta nuestra pobreza—,

«Me afeito,
me corto el pelo a tu gusto»
—la pulcritud define al hombre—,

«No me pegas, me corriges»
—*así aprendes   así aprendes   así aprendes*—,

«No te gustan mis amigos»
—las rocas dañan al diamante—,

«No me permites escuchar la música que quiero»
—esas canciones no te enseñan nada bueno—,

«No puedo salir a bares ni discotecas»
—el oro no se mezcla con el cobre—.

El pájaro encerrado deja de ser pájaro,
el pájaro encerrado se convierte en un objeto:

y entonces,
quedo a tu merced

y puedes hacerme lo que quieras.

Una casa hecha de astillas

Cada día me parezco más a ti:
al caminar, adopto tu andar pesado
—el cuerpo ligeramente inclinado hacia un lado,
los pies casi arrastrándose,
las manos a la espalda—;
me quedo mirando hacia la nada
mientras mastico el pan
y pienso,
pienso en todo momento;
escucho tu risa al reír
—es el sonido exacto
que he oído toda la vida
desde mi habitación,
desde el baño,
desde la cocina—.

Me miro al espejo
y comienzo a ver tu rostro.

Aunque no lo pretenda,
me convierto en ti:
el hijo acaba heredando
los trajes y los zapatos

de su padre,
el hijo acaba viviendo
en la misma casa hecha de astillas.

Aunque no lo quiera,
la sangre, tu sangre,
me habita, me mueve
y me dice
que nunca podré separarme de ti
porque un cuerpo jamás se aleja

de su sombra.

Agua

*La violencia alcanzó su punto álgido
cuando una pistola cargada apuntaba
a la cabeza de Marina Abramović*

El animal mutó a bestia
después del primer golpe.

Sus extremidades
galopaban el río,

sus fauces rugían
como raíles antiguos.

Descargaba la furia contra el cuerpo
y su rabia parecía no tener fin.

Pero no se dio cuenta:

ella era el agua
que atravesaba
con el puño.

La metamorfosis

A veces me gustaría que fueses otra.
Me gustaría que despertases una mañana
y tuvieras otro nombre,
otro rostro más joven,
otro color de pelo;
que hablaras de otra manera, con otra voz;
que dijeras: «Voy a tomar café con mis amigas»,
«Voy a ir al teatro», «Voy a viajar a París».

«Voy a hacerme cantante».

A veces me gustaría
que nacieras otra vez, en otro lugar,
en otra sociedad;
que formaras parte de otra clase,
que tuvieras otros padres,
que fueses a la universidad para estudiar Letras
o Filosofía
y que volvieras a tener sueños
e ilusiones,
a empezar de cero
lejos de todo   de todos.

Que vivieras otra vida
sin hijos,
sin marido,

que fueras más feliz.

El plato principal

A la hora de la siesta
un toro que escapó del matadero
entró a la casa de puertas abiertas.

PIEDAD BONNETT,
El hilo de los días

Es invierno
y el lobo aúlla en el valle.
Está acercándose, corriendo
entre restos de hojas muertas
y nieve sucia.
Pronto estará rondando mi casa,
preparándose para cazar.
El llanto
es mi única arma de defensa
y algunos días no basta.
Mi carne es cruda y joven,
mi piel se deshace con el tacto
del cuero.

Algunos   días   el   llanto   no   basta.

El portazo.

¿Cuándo para de llover en el mar?
¿Cuándo para de llover en el mar?
¿Cuándo para de llover en el mar?

Ojalá se tome un aguardiente
y se vaya a dormir

teniendo hambre.

Marina Abramović

Yo nací del pan.

Como el hambre,
yo nací del pan.
Partieron una hogaza
en dos mitades
y colocaron el cuerpo
sobre una mesa.
Todos permanecieron de pie,
atentos y expectantes:
quién dará el primer paso,
quién morderá primero.
Unos acudieron
con las manos abiertas
y otros sacaron los cuchillos.
Grabaron
el pan con sus dientes,
en su piel,
dejaron las marcas
de las hojas afiladas.
Yo nací de ese pan herido que alimenta
a hombres y mujeres,
yo nací de su hambre,

Puedes hacerme lo que quieras

pero también de su avaricia;
nací igual de blando, igual de tierno,
mi carne era roja
y mi textura escamosa.
Como el pan que fue mi madre,
también me hice migas en sus mesas,
les entregué mi cuerpo
para saciarse,
para descubrirse,
para existir.

Parirme
fue condenarme a morir.

Las manos que hieren

Una mano de mujer
clava espinas de rosa
en mi piel.
Tengo los ojos cerrados
pero sé que es una mano de mujer
porque se mueve con la brutalidad
de la mano de mi madre.
Recorre mis hombros, mis pechos,
mis mejillas y mis brazos,
el tacto es agresivo, casi perfecto.
Permanezco quieta, expuesta.
Tengo prohibido moverme,
tengo prohibido hablar.
La mano que se desliza
me recuerda a mi adolescencia,
los días de encierro en mi cuarto,
los ayunos forzados,
la violencia de mi ciudad,
y no confío en esa mano
porque puedo imaginarme
cuánto ha tocado,
cuánto ha herido,
no confío en que no me hará daño.

La espina de rosa
me transforma en un insecto
o en una niña muerta de miedo.

Espejo

Trataste de que yo fuera tu reflejo:
«transfórmate en mí».

Pero yo jamás me convertiría
en mi propio público.

Puedes hacerme lo que quieras

El cuidado

Marina le escribe un poema a su abuela

Tus manos de verano
han parado la lluvia y la tristeza
de mi pecho roto como una nube,
de mi pecho que implora
con ojos cerrados y apretados,
volver a verlos,
volver a respirarlos.
Cuando me vaya lejos,
cuidarás el árbol que plantamos,
repleto ahora de manzanas,
florecido del querer y del abandono,
florecido de esta semilla virgen
de ocho años,
sin padres cerca que lo rieguen.
Recuerda mis copos de piedra y herida,
yo recordaré tus ojos de madre,
y tu cabello lila caído sobre el cuello,
los soles y las rosas en tus uñas de tierra.
Bésame la frente como hacía tu hija
y dime que deje de tener miedo,
que pronto volaré lejos,

a ese país que ama en otro idioma,
y aprenderé que el adiós
que llegará por años
se llama inmigrante.
Pero ahora que estoy cerca
acaricia mis copos de piedra y herida,
dame la raíz de tu rosal,
la esencia de tus manos agrietadas
de leche, hierba y ríos,
dame el amor que les diste a tus hijos,
y edúcame en la bondad,
en la ternura, en la belleza,
dame la luz
para que deje de ser Marina.

Lobos

A mi hermano Eduard

La primera vez que nos separamos de ti
tenías seis meses.

Te entregamos a la tierra donde nacimos,
a las manos que a mí también me mecieron.

Nos decíamos que a esa edad no entendías
lo que ocurría a tu alrededor,
pero no era verdad.

El consuelo
es un paraguas de papel bajo la lluvia.

Faltamos a tu primera palabra,
no estuvimos en tus primeros pasos,
no posamos nuestras manos
sobre tus primeras heridas.

Nosotros te enseñamos la tristeza
y el llanto de la partida,

nosotros te enseñamos la tormenta
—niño de sol y hierba—.

Éramos tan pobres que tuvimos que renunciar a ti,
tan pobres que nos confundías con un teléfono.

La culpa la tenía Europa,
la tenía Rumanía, la tenía España.

Aunque eso no importa:
los lobos nunca abandonan a nadie
en la montaña.

Pero tú lograste amamantarte solo,
sobrevivir a la tempestad,
vencer al frío
y supiste regresar a casa.

Espero que, algún día,
nos perdones.

El nuevo mundo

Estas calles son distintas a mis calles,
estas palabras son distintas a mis palabras.

CRISTINA PERI ROSSI,
Estado de exilio

Estas calles son distintas a mis calles,
estas palabras son distintas a mis palabras.
Este cielo no es mi cielo
—dónde se ocultan las estrellas
en este nuevo mundo—
ni estos edificios son mis montañas.
Tienen otros rostros estas monedas
y otras letras las matrículas,
no reconozco a los vecinos
ni a los quiosqueros
ni a los conductores de autobús.
Dónde están mis juguetes de madera
entre tanto plástico,
dónde están las pizarras y los pupitres
entre tantas pantallas,
dónde están las tabernas con olor
a aguardiente y a pan y a tabaco.

Este apartamento en el que vivo
no me hace estar vivo.
No es mío este nuevo dolor,
no reconozco este nuevo amor,
no entiendo este nuevo país:

¿cómo se dice *hogar* en vuestro idioma?

Puedes hacerme lo que quieras

Idiomas

Cuando aprendí vuestro idioma

encontré otra manera de nombrar el agua

y el pan

y la montaña

y el amor.

Cuando aprendí vuestro idioma

tuve dos lenguas

para nombrar el desierto.

Extranjero

Siempre envidié a los árboles:
pareciera que cuanto más altos
más vuelan,
que cuanto más profunda es la raíz
mayor el arraigo a la tierra.

Solo ellos saben lo que es tenerlo todo:

un hogar
y unas alas
al mismo tiempo.

Puedes hacerme lo que quieras

La integración

Hombres y mujeres
comenzaron a agredirte:

yo estaba entre el público.

Te llamaron «maricón»,
te llamaron «gorda»,
te llamaron «negro»:

yo estaba entre el público.

Uno por uno, en procesión,
fueron acercándose a ti
para marcarte,
para herirte.
Tú permanecías en silencio,
aunque tu silencio
era el de una voz oprimida
y el mío, el de una voz invisible.
«Si no me miran,
no sabrán que yo también estoy
entre el público», me dije.

Pero en algún punto
sus ojos se volvieron hacia mí,
todos sus ojos se volvieron hacia mí
y parecieron decirme:
«Tú quién eres,
en qué bando estás».

Entonces me acerqué a ti,
con miedo, con timidez, con lentitud.
Me acerqué a ti lleno de culpa,
lleno de vergüenza.
Y te llamé «maricón»,
te llamé «gorda»,
te llamé «negro».
Ya no estaba entre el público:

yo era el público.

Que te jodan

Que te jodan,
que les jodan a tus manías,
a tus fobias y a tus miedos.
Que le follen a tus malas caras por nada,
a tus respuestas idiotas,
a tu falta de atención.
Que le den a tu doble personalidad
y a tu indecisión constante.
Ahí te quedas con tu falsedad,
con tu papel de víctima,
con tu necesidad de ser siempre
el centro de atención.
Tienes libros de adorno,
no sabes quién es Chet Baker
aunque finjas que sí,
te piensas que Los Planetas
son UranoSaturnoNeptuno
y confundes el *after* y el *before*.
Vas de guay con tu ropa del Humana,
pero te da igual el cambio climático
y la globalización
y las sociedades de consumo.

Me pareció auténtica
tu mentira,
pero la primera lluvia
fundió tu traje de cartón.
No quiero cuidarte más
ni quiero estar pendiente de ti
constantemente,
me importa un carajo
que pases frío porque no llevas abrigo,
que te dañen los tacones en las fiestas,
que se te olvide pagar la luz,
que te dé miedo conducir en hora punta,
que cargues cuatro pisos de compra en soledad,
me da igual
que no sepas hacer el *check-in*.
Que te jodan.

Llamada de mi abuela

Las vecinas me dijeron esta mañana
que anoche te vieron por la tele,
que hablabas muy bien,
que hablabas
como si nunca te hubieras ido.
Los de la fábrica me han preguntado
por las tierras
y yo les dije que tenía que consultártelo.
He engalanado la tumba del abuelo
y se puso a llover después de plantar
las rosas.
Este domingo fui a misa, escuché la liturgia
pero no me quedé mucho porque me dolían
las piernas.
Ha venido Nae a casa
y me ha colocado la leña.
Todavía no le he pagado,
pero si te mando un paquete pronto
voy a comprarle una botellita de aguardiente
para ti
y ya me las arreglaré con él.
Me han subido la pensión cincuenta leis,
es poco, pero estaba peor antes.

Las gallinas han puesto siete huevos
y dos de ellos son verdes.
Tiene que venir Vasile
para arreglar las bajantes
de la casa de madera
y le haré sopa
con los huesos que han sobrado
de la matanza.
Tengo que contarte:
mi tío Luca está muy enfermo.
Te he puesto champiñones a macerar.
Te he hecho mermelada de ciruela.
Te he congelado ortigas.
Te he comprado sábanas nuevas.

¿Cuándo vienes a casa?

Puedes hacerme lo que quieras

Visita al cementerio del pueblo

Qué solos se quedan los muertos.

G. A. BÉCQUER

Una multitud de ojos me reciben al cruzar la puerta.
Están atentos los vecinos que amé,
los amigos que amé,
los abuelos
a quienes también amé.
Me miran desde sus habitaciones separadas
—prisiones que son hogares—.
Tan solo elijo a unos pocos.
Me acerco a ellos
y les entrego una vela   una luz,
mientras les hablo en silencio
del nuevo mundo,
de mi vida en Madrid.
Todos mis muertos me quieren
porque no los olvido,
porque siempre voy a verlos.
Luego me marcho
—tengo esa suerte todavía—,
y ellos permanecen ahí,

hundidos en sus soledades,
en sus tristezas.
Yo salgo por la puerta
pensando en comprar carne
y cerveza suficiente para mis amigos,
pensando en mis siguientes libros,
en subir a la montaña a recoger peonías,
en arreglar la bajada de los canalones,

pensando en mi abuela.

Puedes hacerme lo que quieras

Limpiar la sala

Yo no nací para limpiar la sala.
Cuando llegué
encontré el vino derramado por el suelo,
pisadas de hombre
y de mujer
que arrastraban el vino derramado
por el suelo.
Había pétalos de rosa aplastados.
Había plumas de ave aplastadas.
Había manchas
sobre el mantel blanco de la mesa:
gotas rojas y secas,
cera petrificada,
una miel grasienta y densa.
Sentí un aire sórdido,
un olor a pastel rancio,
a tabaco de liar
y a alcohol pasado.
Yo no nací para limpiar la sala
por diez euros la hora.
Pero me puse el uniforme
y recogí los vasos,
recogí los platos y las cucharas.

Abrí las ventanas
y pensé en dejarlo pronto,
pensé en la vergüenza que pasaría mi madre
al verme limpiar la sala,
al verme siendo la rumana
a la que contratan después de la peruana.
Fregué el suelo
y recogí los manteles sucios.
Yo nunca estuve en una fiesta parecida,
eso también lo pensé:
yo nunca hice una fiesta así.
Metí todos los objetos en un saco
de basura,
fregué los baños
y limpié los cristales.
Ese era mi deber,
devolver las cosas a su orden.
Hubiera preferido ser enfermera,
eso también lo pensé.
O tener una tienda de flores.
Pero ya es demasiado tarde,
ya estoy mayor.
Yo no nací para limpiar la sala,
tal vez comience a pedir once euros
la hora.

Pintores

Te habían encargado arreglar un piso en la calle Pez.

Íbamos vestidos con las ropas sucias
y cargábamos un carro con los cubos de pintura
y las bolsas con los materiales.
Nos deslizábamos entre una multitud
de gente con traje,
de gente bien peinada   perfumada.
Todos parecían guapos,
jóvenes   selectos   elegidos.
Caminábamos con vergüenza,
en silencio, casi disculpándonos
por ser lo que éramos:
unos intrusos.
Tú ibas delante y yo te seguía
cabizbajo y absorto en aquel paisaje tan lejano,
tan diferente a todo
lo que tú me habías enseñado.
Cuando llegamos al portal,
me dijiste que esa vida
no era para nosotros,
porque nosotros solo entendemos
el idioma de las manos agrietadas,

el idioma de las miradas lejanas,
que no me olvidase
de que éramos rumanos.
Y te creí como quien confía
en las palabras que nombran todas las cosas del mundo,
en el reloj que marca las horas.
Ahora, después de tantos años,
qué ironía,
vivo en esas calles prohibidas,
tengo una buena colección de trajes,
uso buenos perfumes,
me gano el pan con mi poesía,
trato de vivir sin miedos.

¿Conoces unos pintores
para arreglar mi casa?

TERCER ACTO

El movimiento

Hasta aquí

El problema fue
que siempre anduve de puntillas
por mi vida
porque temía que mis zapatos
hicieran ruido

y ahora ya no,

ahora camino
queriendo que me vean,
que me escuchen,

que se molesten.

Las manos que curan

Una mujer
seca las lágrimas del rostro
de Marina Abramović.

Es mi madre.

Al final del acto,
nadie aplaudió a Marina Abramović.

Agradecimientos

A mi familia.
A mis amigos.
A Ana García.
A todo el equipo de Penguin Random House.
A Mónica Adán.
A María López Morales.
A Alba Cantalapiedra.
A Marina Abramović.
A Katherine K.
A vosotras, a vosotros.

Índice

SEGUNDO ACTO
Las violencias

Este libro
se terminó de imprimir
en el mes
de noviembre de 2023